Per Rad von Mühle zu Mühle

Die Mühlenroute verbindet etwa 40 Wind-, Wasser- und Rossmühlen und die einzige mahlfähige Schiffmühle Deutschlands zu einem einzigartigen »Mühlenmuseum« auf einem Rundkurs von ca. 300 km. Nirgendwo in Deutschland gibt es noch eine solche Vielzahl funktionstüchtiger Mühlen unterschiedlichster Bauarten. Sie repräsentieren ein Stück Technikgeschichte eines der ältesten Handwerke und bieten gleichzeitig eine romantische Rückschau in die Zeit unserer Altvordern.

Auf weitgehend verkehrsarmen Wegen führt die Mühlenroute durch eine abwechslungsreiche Kulturlandschaft mit malerischen Dörfern und lebendigen Städten, geprägt von Weser- und Wiehengebirge mit dem Übergang zur Norddeutschen Tiefebene und dem Weserstrom.

Die Gebirgssilhouette mit dem markanten und bekannten Einschnitt der Porta Westfalica bietet immer wieder Orientierungshilfen in der Landschaft, und die Route selbst ist sorgfältig gekennzeichnet mit einem weißen Mühlen-Fahrradsymbol auf braunem Grund.

Neben der Hauptroute mit ihrer alternativen Streckenführung (südlich oder nördlich des Wiehengebirges) wurden Nebenstrecken eingerichtet, die es dem Radwanderer möglich machen, auch nur Teilbereiche dieser Route zu befahren, da durch die Rundstreckenführung immer wieder der Ausgangspunkt erreicht wird. Der Einstieg erfolgt hierbei am besten über die gekennzeichneten »Park & Bike-Stationen«, die mit einer Informationstafel und Rastmöglichkeiten ausgestattet sind, gleichzeitig aber auch als Abstellplatz für Kraftfahrzeuge zu nutzen sind.

Neben der exakten Routenführung mit Kilometerangaben bietet Ihnen die Karte noch einen weiteren Service: Informationen über Mühlen, Sehenswürdigkeiten, Übernachtungs- und Servicestationen und erleichtert Ihnen somit eine optimale Vorbereitung Ihrer Tour. Dennoch freuen wir uns über jeden Verbesserungsvorschlag und sind Ihnen für Kritik und Anregungen dankbar.

Gute Fahrt und ein herzliches Willkommen im Mühlenkreis

Das Erlebnis einer einzigartigen Mühlenlandschaft

ℹ Mühlenkreis Minden-Lübbecke
**Postfach 25 80, 32382 Minden
Tel. (05 71) 8 07-23 17 oder 8 07-23 29
Fax (05 71) 8 07-33 17 oder 8 07-33 29
Internet:
http://www.muehlenkreis.de
E-mail:
muehlenkreis@minden-luebbecke.de**

Routen- und Blattübersicht

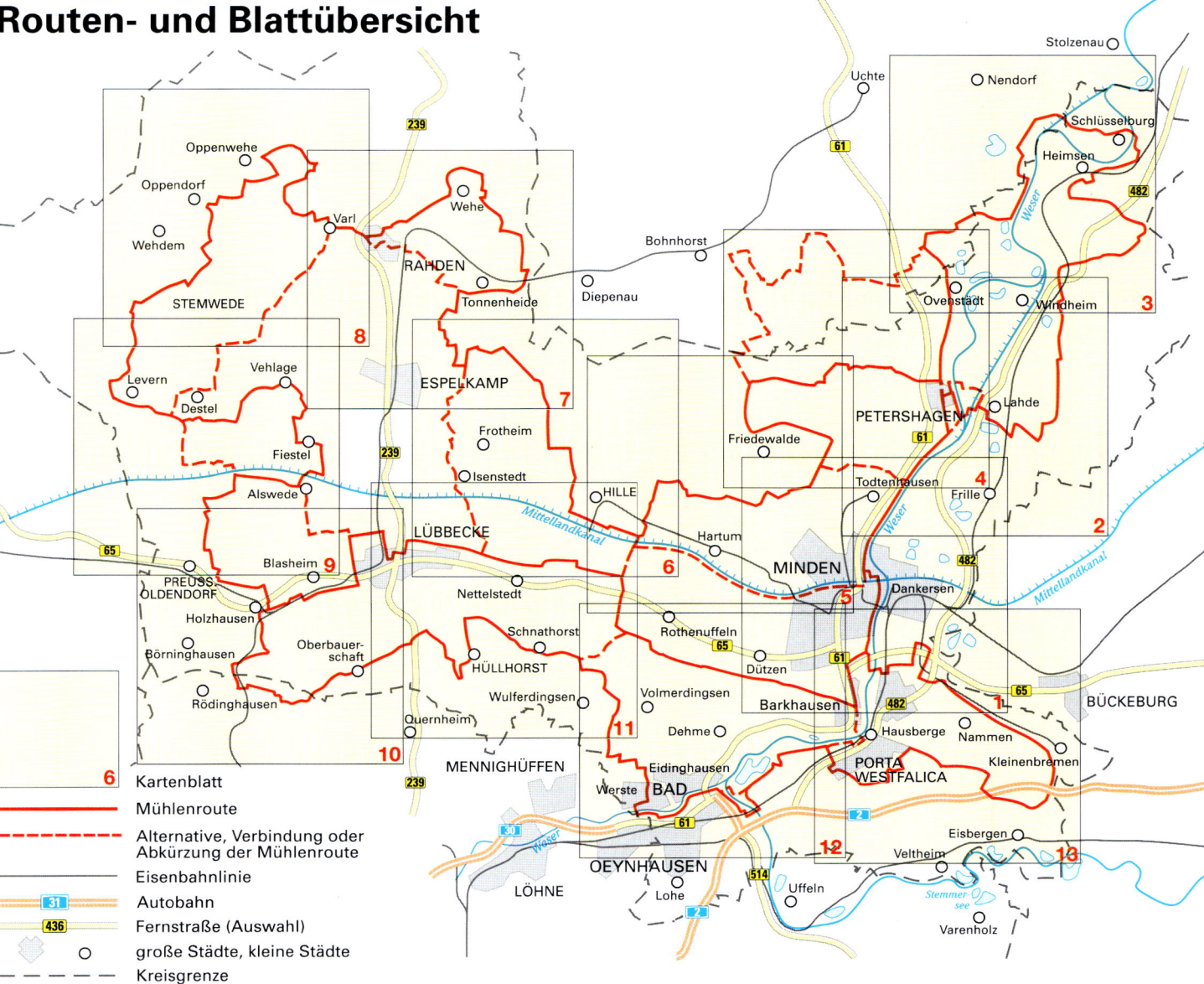

6	Kartenblatt
———	Mühlenroute
– – –	Alternative, Verbindung oder Abkürzung der Mühlenroute
———	Eisenbahnlinie
31	Autobahn
436	Fernstraße (Auswahl)
◇ ○	große Städte, kleine Städte
– – –	Kreisgrenze

Spiralos - Deutschlands schönste Radwanderrouten als Kombination aus Karte und Radwanderführer

Spiralgebundene Radwanderkarten sind ein Kartenkonzept von Radlern für Radler. Sie sind sowohl durch ihren Maßstab - i. d. R. 1 : 50.000 oder 1 : 75.000 -, als auch durch Karteninhalte und Textinformationen speziell auf die Anforderungen des Radlers abgestimmt und bieten viele praktische Vorteile, z. B.:

-Das quadratische Format ermöglicht eine ständig gleichbleibende Einordnung - aller Kartenblätter (Norden = oben / Süden = unten) und erleichtert dem Kartenleser erheblich die Orientierung. Die Karte muß unterwegs nicht gedreht werden, um „auf dem rechten Weg" zu bleiben.

-Das Papiermaterial der Spiralos wurde so gewählt, daß sie problemlos geknickt und z. B. in den Sichthüllen von Lenkradtaschen plaziert werden können. Außerdem gibt es zur einfachen Handhabung „on tour" auf das quadratische Format zugeschnittene Lenkrad-Kartenhalter.

-Eine fortlaufende Kilometrierung in 5-km-Abschnitten ermöglicht eine detaillierte und optimale Planung der Tour.

-Die Orientierungspunkte und Verweise auf das anschließende Kartenblatt machen beim Kartenblattwechsel das Auffinden des Standortes auf dem nächsten Kartenblatt so einfach wie möglich.

-Ausführliche Textinformationen liegen den Kartenseiten genau gegenüber und ermöglichen so einen direkten Zugriff auf interessante Sehenswürdigkeiten, empfehlenswerte Gaststätten, Übernachtungsmöglichkeiten und vieles mehr.

Legende und Zeichenerklärung

Verkehrsnetz und Grenzen

- Autobahn mit Anschlußstelle
- Fernstraße
- Hauptstraße, Nebenstraße
- Sonstige Straße, Feldweg
- Eisenbahn mit Bahnhof
- Landesgrenze
- Kreisgrenze

Gewässer

- Binnensee
- Flüsse/Kanäle mit Fließrichtungspfeil
- Fähre

Flächen

- Bebauung
- Industriefläche
- Wald

Relief

- Berg mit Höhenangabe
- Höhenpunkt
- Höhenlinien mit Höhenlinienzahlen

Radwegenetz

- Mühlenroute
- Alternative Wegeführung
- Kilometrierung in 5-km-Intervallen
- Fernradwanderwege
- Steigung, Gefälle
- Straßenbegleitender Radweg
- Hinweis auf das Anschlußblatt
- Orientierungspunkt für Kartenwechsel
- Weser-Radweg
- Wellness-Radroute

Topographische Einzelzeichen (in Auswahl)

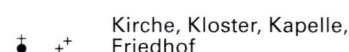

- Kirche, Kloster, Kapelle, Friedhof
- Schloß oder Burg
- Windmühle, Wassermühle
- Windrad
- Bergwerk in/außer Betrieb
- Turm, funktechnische Anlage
- Denkmal, Höhle
- Sportplatz, Flugplatz

Information und Rast

- Information
- Bahnhof, Haltepunkt
- Routennaher Parkplatz
- Park-and-Bike-Station mit Infotafel
- Rastplatz
- Grillplatz

Freizeit, Spiel und Sport

- Hallenbad
- Freibad, Badesee
- Boots- oder Schiffsanlegestelle
- Mindener Fahrgastschifffahrt

Sehenswerte Mühlenanlagen (mit Nummer)

- Bockwindmühle
- Holländerwindmühle
- Wassermühle
- Roßmühle
- Windmühle auf Wassermühle
- Schiffmühle

Sehenswürdigkeiten

- Kirche, Kloster, Kapelle
- Schloß oder Burg
- Schloß oder Burgruine
- Museum
- Aussichtspunkt
- Flugplatz
- Wildpark
- Besondere Sehenswürdigkeit mit Benennung (Großer Stein)

- Schutzhütte
- Jugendherberge
- Campingplatz, Zeltplatz
- Naturfreundehaus
- Beherbergungsbetrieb mit Nummer
- Routennaher Gastbetrieb außerhalb v. Ortschaften
- Gefahrenpunkt
- Fahrradreparaturmöglichkeit
- Fahrradverleih
- Minigolfanlage
- Freilichtbühne

2., überarbeitete Auflage mit neuer Kartengrundlage 2000
© by BVA - Bielefelder Verlagsanstalt GmbH & Co. KG, Ravensberger Str. 10f, 33602 Bielefeld
Internet: www.bva-bielefeld.de
Herausgeber: BVA-Bielefelder Verlagsanstalt GmbH & Co. KG, Bielefeld, und Kreis Minden-Lübbecke, Minden
Kartographie: Pietruska & Partner GmbH, Poznan
Titelbild: Mühlenkreis
Umschlaggestaltung: synergetics mediennetzwerk, Bielefeld
Druck: Klingenberg Buchkunst Leipzig
Nachdruck, auch auszugsweise, oder sonstige Vervielfältigung nur mit ausdrücklicher Genehmigung des Verlags.

Maßstab 1: 50.000
0   1   2 km
1 cm in der Karte = 500 m in der Natur
1 km in der Natur = 2 cm in der Karte

ISBN 3-87073-118-4

Minden

Minden ist eine Stadt voller sehenswerter historischer Stätten, aber auch Kunst, Kultur und Kulinarisches finden sich in der quirligen Stadt an der Weser. Die 1200 Jahre alte, vom Mittelalter geprägte Stadt ist durch die sehenswerten historischen Bauten aus verschiedenen Epochen charakterisiert.

ℹ️ Weitere Informationen

Minden Marketing GmbH, Tourist-Information
Domstr. 2
32423 Minden
Telefon: 0571/8290659
Fax: 0571/8290663
E-mail: info@mindenmarketing.de
Internet: www.mindenmarketing.de

🎋 Die Mühlen auf Karte 1

1 - Windmühle Meißen
von 1869. Holländerwindmühle, Windrose. Unteres Drittel des Turmes zylindrisch, aus sorgfältig behauenen Bruchsteinen, obere zwei Drittel aus Backstein, Westseite verputzt. Angeschütteter Erdwall. Kappe geschindelt.

11 - Valentinsmühle Todtenhausen
von 1858, Holländerwindmühle, Erdholländer, Windrose, konischer Backsteinturm mit zylindrischem Untergeschoß.

12 - siehe gegenüber Kartenblatt 4

13 - siehe gegenüber Kartenblatt 5

Untere Altstadt von Minden

14 - Rodenbecker Mühle
von 1821. Massiger, nach außen gebauchter Turm aus Feldbrandsteinen, auf Pfahlrosten in sumpfigem Gelände errichtet. 1903 an Wetterseite verputzt. Nie mit Windrose, immer mit Kettenzug in Wind gestellt. Schindelkappe und hölzerner Umgang. Früher Flügel mit zwei Segeln, zwei Jalousien.

32 - Windmühle Dützen
Um 1815. Holländerwindmühle, Windrose. Bruchsteinturm mit Durchfahrt und Erdwall. Motormühlenausstattung mit Mahlgängen.

42 - Schiffmühle Minden
auf der Weser vor Minden. Liegeplatz: Weserpromenade südl. der Fußgängerbrücke. Nachbau nach Abbildungen und Plänen 18. Jahrh. Mit unterschlächtigem Wasserrad.

Windmühle Meißen

❗ Das lohnt sich:

- 1000jähriger Dom
- Malerische Fischerstadt
- Wasserstraßenkreuz - Überführung des Mittellandkanals über die Weser
- Mindener Museum
- Preußen-Museum
- Schiffmühle

✳️ Rund ums Rad

- **Fahrradverleih SRJ Incoming Service,** Tel.: 0571/320641
- **Fahrräder & Mehr, Haselweg 3, 32425 Minden-Todtenhausen,** Tel.: 0571/62897
- **Bredemeyer, Graßhoffstr. 32, 32425 Minden,** Tel.: 0571/43916
- **Zweirad-Center-DORN, Friedrich-Wilhelm-Str. 85, 32423 Minden,** Tel.: 0571/31269
- **Oskar Weber, Wagnerstr. 20, 32427 Minden, Tel.: 0571/22843**
- **Powerslide, Marienstr. 20, 32427 Minden, Tel.: 0571/84808**

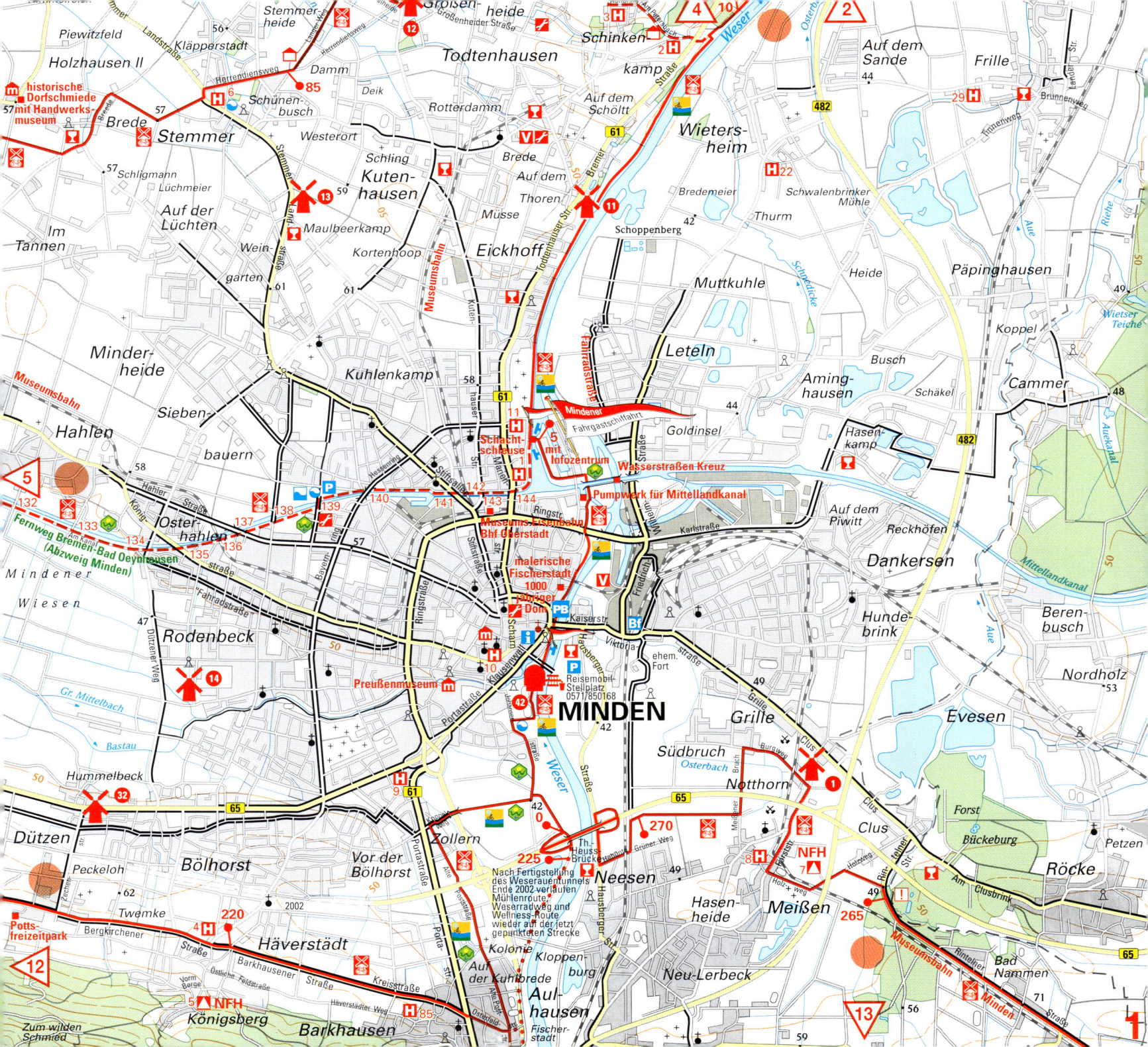

Petershagen

Erstmals wurde Petershagen erwähnt, als Karl der Große durch ein Hochwasser an der Überquerung der Weser gehindert wurde. Der Strom ist das dominierende Element einer ländlichen Idylle aus Wiesen, Feldern, grünen Auen und romantischen Ortschaften. Petershagen bietet neben historischen Bauten und interessanten Museen vor allem auch weiträumige Naturschutzgebiete von internationaler Bedeutung. In den Weserauen leben und brüten die letzten Weißstörche Nordrhein-Westfalens.

ℹ Weitere Informationen

Stadtverwaltung
Fremdenverkehrsabteilung
Bahnhofstr. 63, 32469 Petershagen-Lahde
Tel.: 05702/8820
Fax: 05702/822-298

⚓ Die Mühlen auf Karte 2

2 - Klostermühle Lahde
Holländerwindmühle. Konische Turmwindmühle von 1876 auf älterem Wassermühlengebäude am Ort der 1292 urkundlich erwähnten Mühle des Dominikanerinnenklosters. Turm aus Feldbrandsteinen. Hölzerne Galerie auf Sandsteinkonsolen. Heute Antrieb des modernen Mahlwerks mit Turbine durch Wasser der aufgestauten Aue. In Betrieb für Industrieaufträge.

3 - Windmühle Bierde
Von 1802. Holländerwindmühle. Achteckiger hölzerner Fachwerkturm, verbrettert und geschindelt. Jalousieflügel. Angeschütteter Erdwall.

4 - siehe gegenüber Kartenblatt 3

9 - siehe gegenüber Kartenblatt 4

10 - Büschingsche Mühle Petershagen von 1810. Holländerwindmühle. Achteckiger Turm aus verbrettertem und geschindeltem Holzfachwerk auf steinernem Unterbau. Mit angeschüttetem Erdwall.

11 - siehe gegenüber Kartenblatt 1

12 - siehe gegenüber Kartenblatt 4

Aalfänger auf der Weser

❗ Das lohnt sich:

- **Westfälisches Industriemuseum Glashütte Gernheim**
- **Heimat- und Heringsfängermuseum Heimsen**
- **Schloß Petershagen**
- **Scheunenviertel Schlüsselburg**
- **Findlingswald Neuenknick**
- **Ilser Webstube**
- **Puppenmuseum Sanja**
- **Weserdörfer Hävern und Buchholz**

❈ Rund ums Rad

- **Schloß Petershagen, 32469 Petershagen, Tel.: 05707/93130**
- **Fa. Kuhlmann Mindener Str. 7-11 32469 Petershagen Tel.: 05707/2047**

Klostermühle Lahde

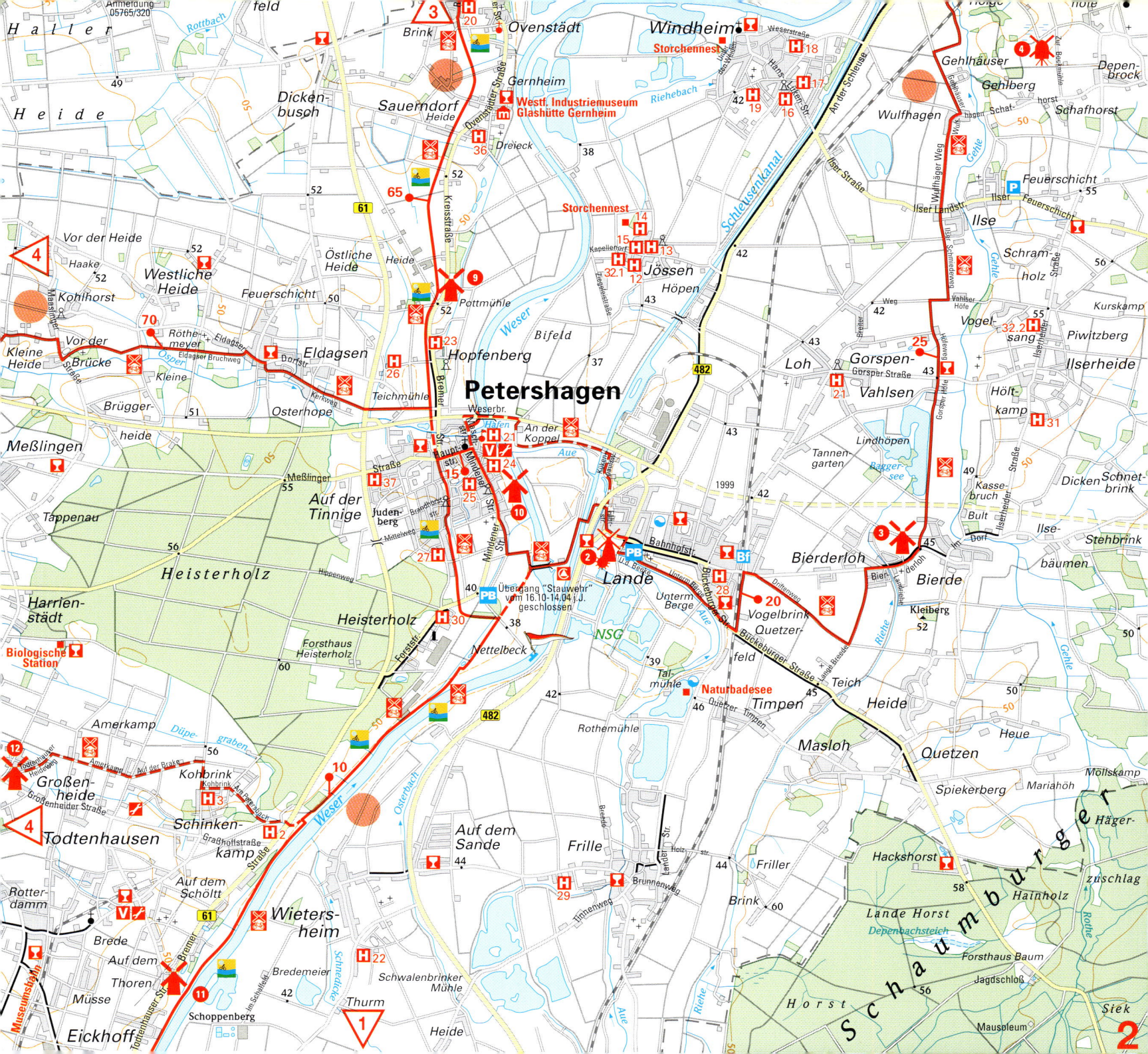

Mühlen

4 - Bockwindmühle Neuenknick von 1747. 1899 von Warmsen, Niedersachsen, nach hier versetzt. Hölzerner Kasten, verbrettert, Satteldach und Flügelfront geschindelt. Flügelgatter mit Segeltuch.

6 - Plaggen Mühle Döhren, Mitte 18. Jh., mit oberschlächtigem Wasserrad an Stauteich. Früher 2 Wasserräder.

7 - Heimser Windmühle von 1873. Holländerwindmühle. Stark konischer Backsteinturm, leicht verputzt. Kappe geschindelt. Angeschütteter Erdwall mit Durchfahrt.

8 - Windmühle Großenheerse, um 1860, Holländerwindmühle. Achteckiger, gemauerter, voll verputzter Turm mit lisenenartigen Eckverstärkungen und angeschüttetem Erdwall. In-Wind-Stellung mit altertümlichem »Stert«.

Großes Bild:
5 - Seelenfelder »Königsmühle« von 1731. Holländerwindmühle, durch Preußische Regierung nach Einführung des Mühlenzwanges (1721) erbaut. Leicht konischer Turm aus Bruchstein, Kappe geschindelt. Angeschütteter Wall mit Durchgang.

ohne Nr. - Wassermühle Harrienstedt, 1583 erste urkundliche Erwähnung. Vollständig restauriertes Wassermühlengebäude mit Wehranlage und Mühlentechnik in betriebsfähigem Zustand. Unterschlächtiges Wasserrad. Drei Mahlgänge

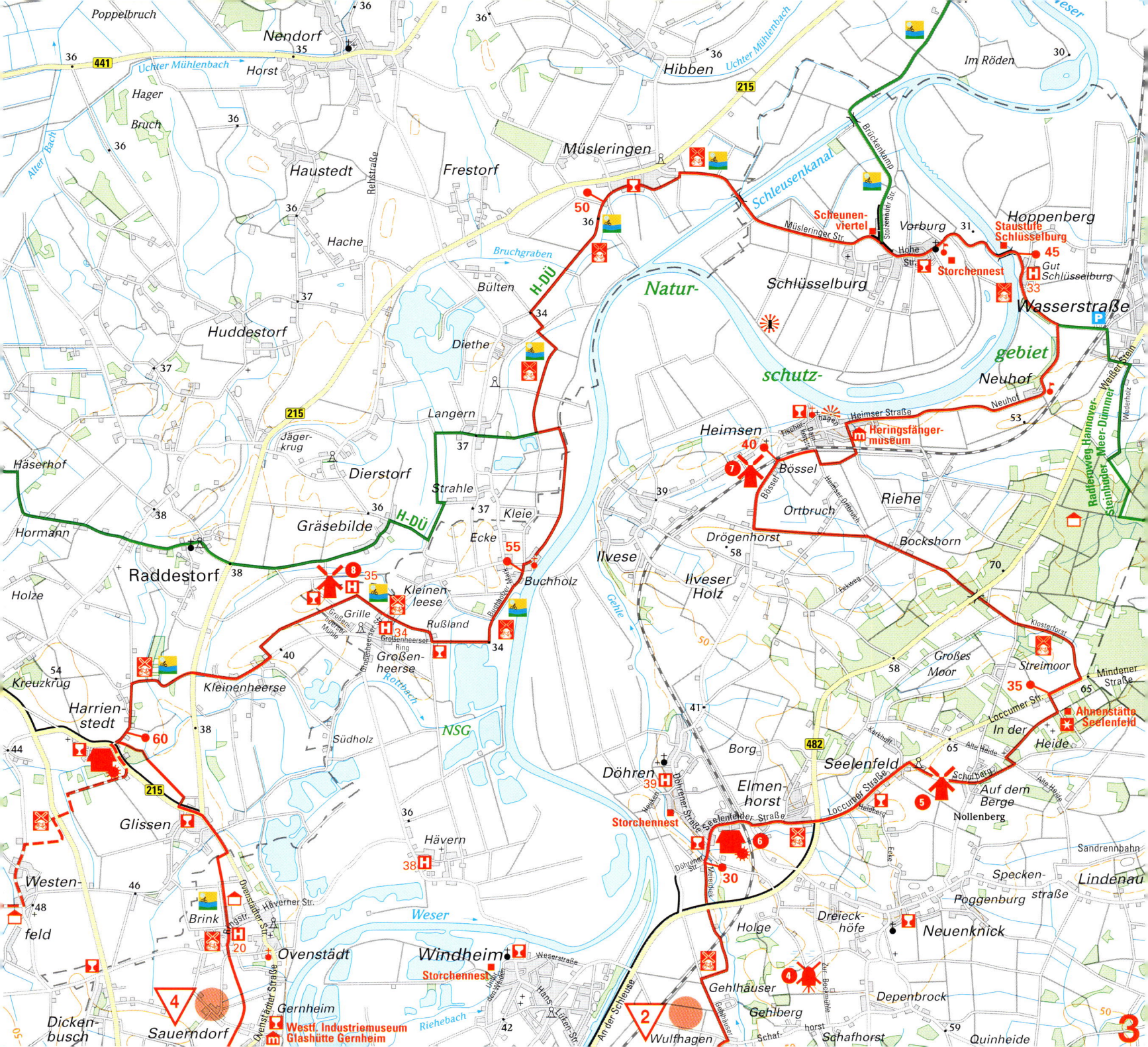

Mühlen

Großes Bild:
15 - Meßlinger Mühle, etwa 1843, Holländerwindmühle. Taillierter achteckiger Turm aus Holzfachwerk auf massivem Backsteinunterbau. Verbretterт und geschindelt, mit doppelter Windrose, 2 Klappen- und Segelflügel. Hölzerne Galerie.

2 - siehe gegenüber Kartenblatt 2

Wassermühle Harrenstedt - siehe gegenüber Kartenblatt 3

Kappenwindmühle Hoyersvörde. Errichtet in der 1. Hälfte des 19. Jahrhunderts. Die Mühle weist eine selten vielfältige und gut erhaltene Mühlentechnik auf.

Windmühle Mosloh. Vermutlich um 1825-1850 errichteter sog. Wallholländer mit Durchfahrt. Achteckiger Turm aus Feldbrandklinkern, mit abgeböschtem Erdwall. Vollständig restaurierte und betriebsfertige Windmühle.

16 - Wegholmer Mühle von 1861. Holländerwindmühle. Turm aus Back- und Bruchsteinen mit angeschüttetem Erdwall.

9 - Pottmühle Petershagen von 1938. Holländerwindmühle. Sehr große konische Turmwindmühle aus Back- und Bruchsteinmauerwerk. Flügel früher mit Jalousien. Hoch angesetzte Galerie.

10 - Büschingsche Mühle Petershagen siehe gegenüber Kartenblatt 2

12 - Großenheider »Königsmühle« Todtenhausen von 1731. Holländerwindmühle. Leicht konischer, sorgfältig gemauerter Bruchsteinturm mit angeschüttetem Erdwall. Geschindelte Kappe. In-den-Wind-

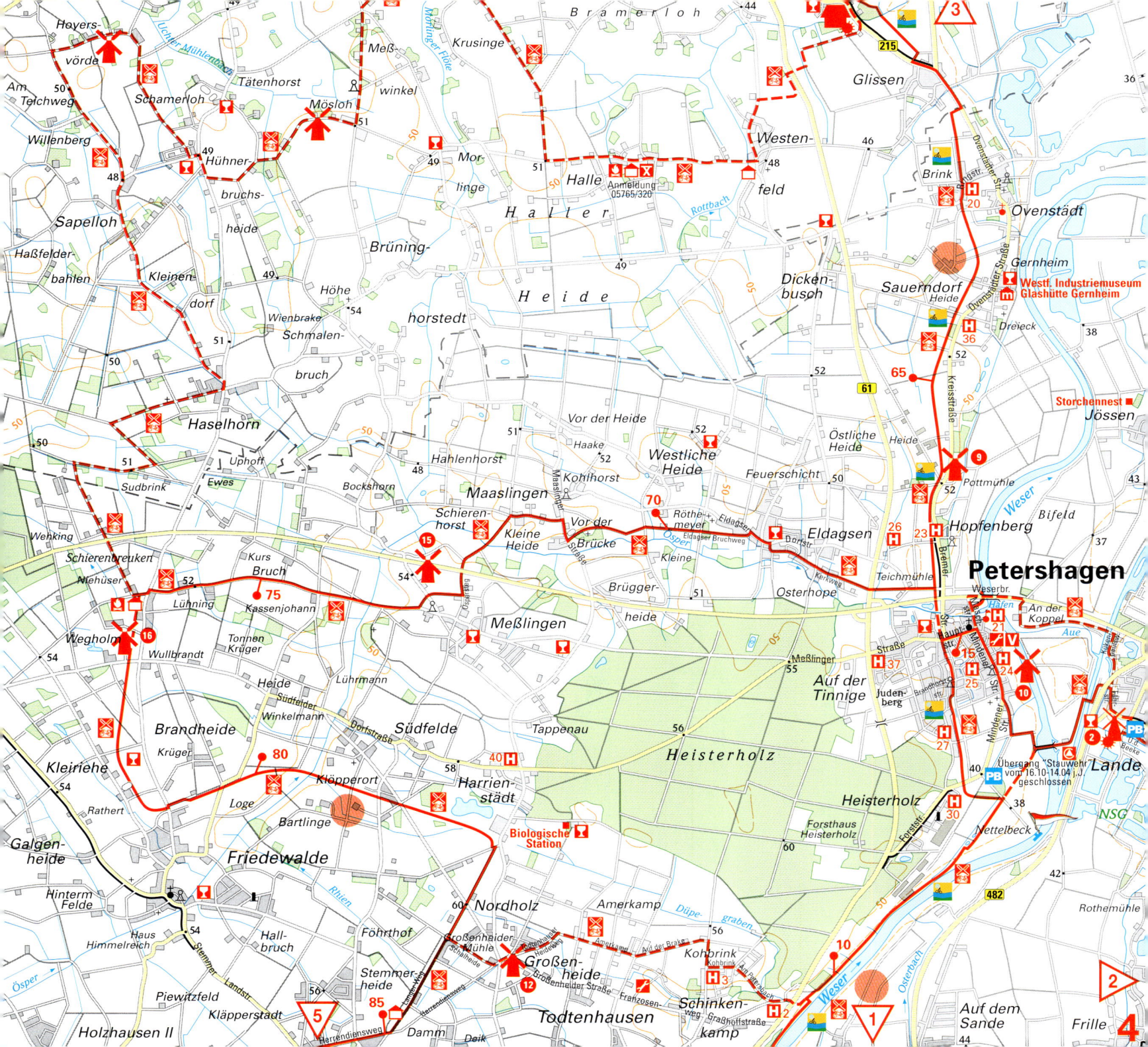

Hille

Zu beiden Seiten des Mittellandkanales, der das Gemeindegebiet in Ost-West-Richtung durchquert, erstreckt sich vom Nordhang des Wiehengebirges bis in die Norddeutsche Tiefebene hinein die Gemeinde Hille. Ihre neun Ortschaften spiegeln dörfliche Idylle wider. Durch ihr ebenes Profil bietet die Hiller Landschaft ideale Radwandermöglichkeiten auf der Mühlenroute.

ℹ Weitere Informationen

Gemeinde Hille
Am Rathaus 4, 32479 Hille
Tel.: 0571/40440, Fax 0571/404480

🏛 Die Mühlen auf Karte 5

12 - Beschreibung siehe gegenüber Kartenblatt 4

13 - Stemmer Mühle von 1860. Holländerwindmühle Unterbaute, leicht konische steinerne Turmwindmühle.

15 - Beschreibung siehe gegenüber Kartenblatt 4

16 - Beschreibung siehe gegenüber Kartenblatt 4

17 - Greftmühle Nordhemmern, auch Brinkmanns Mühle genannt, von 1838. Holländerwindmühle. Konischer Turm aus grobem Porta-Sandstein mit angeschüttetem Erdwall und Durchfahrt. Kappe geschindelt. Lt. Inschrift von 1844 früher auch Ölmühle.

18 - Windmühle Hartum von 1877. Holländerwindmühle. Frühere Gemeindemühle mit Inschrifttafeln. Konischer Turm aus sorgfältig behauenem Porta-Sandstein. An Stelle des angeschütteten Erdwalles Ausbau eines Erdgeschosses im Material des Turmes.

19 - Windmühle Südhemmern von 1880. Holländerwindmühle. Konischer Backsteinturm mit angeschüttetem Erdwall und Durchfahrt. Mühle und Backhaus in Betrieb.

31 - Windmühle Eickhorst, auch Storcks Mühle genannt, von 1848. Anstelle einer 1750 erwähnten Bockmühle neu erbaut. Holländerwindmühle. Konischer Bruchsteinturm, Wetterseite verputzt, mit ummauertem Erdwall. Mühle, Backhaus von 1879 und Speicher von 1858 in Betrieb.

Backhaus Mühle Südhemmern

Stemmer Mühle

❗ Das lohnt sich:

- **Historische Dorfschmiede mit Handwerksmuseum**
- **Backhaus Böhne**
- **Ehemaliges Heuerlingshaus im Kurpark Rothenuffeln**
- **Ehemaliges Amtsgefängnis**
- **Heimatstube im Müllerhaus Südhemmern**
- **Großes Torfmoor**

✳ Rund ums Rad

- **Liegeradverleih Zielmann, Horstbohlen 193a, 32479 Hille Tel.: 05703/95982**
- **Fahrradverleih und Servicestation Schäfer, Minderheider Str. 5, 32479 Hille, Tel.: 0571/41452**

Lübbecke

Üppige Natur oder lebendige Kultur, die Stadt am Nordhang des Wiehengebirges bietet beides. Dazu kommen zahlreiche Einkaufsmöglichkeiten, Restaurants und gemütliche Cafés in historischer Umgebung. Kurzum - Lübbecke ist eine Stadt, mit der man Freundschaft schließt.

ℹ️ *Weitere Informationen*

Stadtverwaltung
Kreishausstr. 2 - 4
32312 Lübbecke
Tel.: 05741/276-0
E-mail: info@luebbecke.de

🏛️ *Die Mühlen auf Karte 6*

17 - siehe gegenüber Kartenblatt 5

19 - siehe gegenüber Kartenblatt 5

20 - Windmühle »Auf der Höchte«, Hille. Baujahr 1733. Holländerwindmühle. Konischer Feldbrandstein-Turm. Wetterseite verputzt. Erdholländer auf weithin beherrschender Höhe.

29 - Wassermühle Eilhausen, Baujahr unbekannt. Eingeschossiger kleiner Bruchsteinbau mit Fachwerkgiebel und Satteldach. Oberschlächtiges Wasserrad.

30 - Eilhauser »Königsmühle« von 1748. Holländerwindmühle. Leicht konischer Bruchsteinbau mit hölzerner Galerie. Mühle in Betrieb.

31 - siehe gegenüber Kartenblatt 5.

❗ *Das lohnt sich:*

- *Freilichtbühne Nettelstedt*
- *Golddorf Stockhausen*
- *Grosses Torfmoor*

✳️ *Rund ums Rad*

- *Fahrradverleih Erich Korn, Unterm Dorf 3, 32312 Lübbecke-Stockhausen, Tel.: 05741/12690*
- *Zweirad-Center-DORN, Schmiedestr. 2, 32312 Lübbecke, Tel.: 05741/61627*
- *Fahrrad Schwarze, Alsweder Str. 5, 32312 Lübbecke, Tel.: 05741/9456*

Wassermühle Eilhausen

Lübbecke

Eilhauser »Königsmühle«

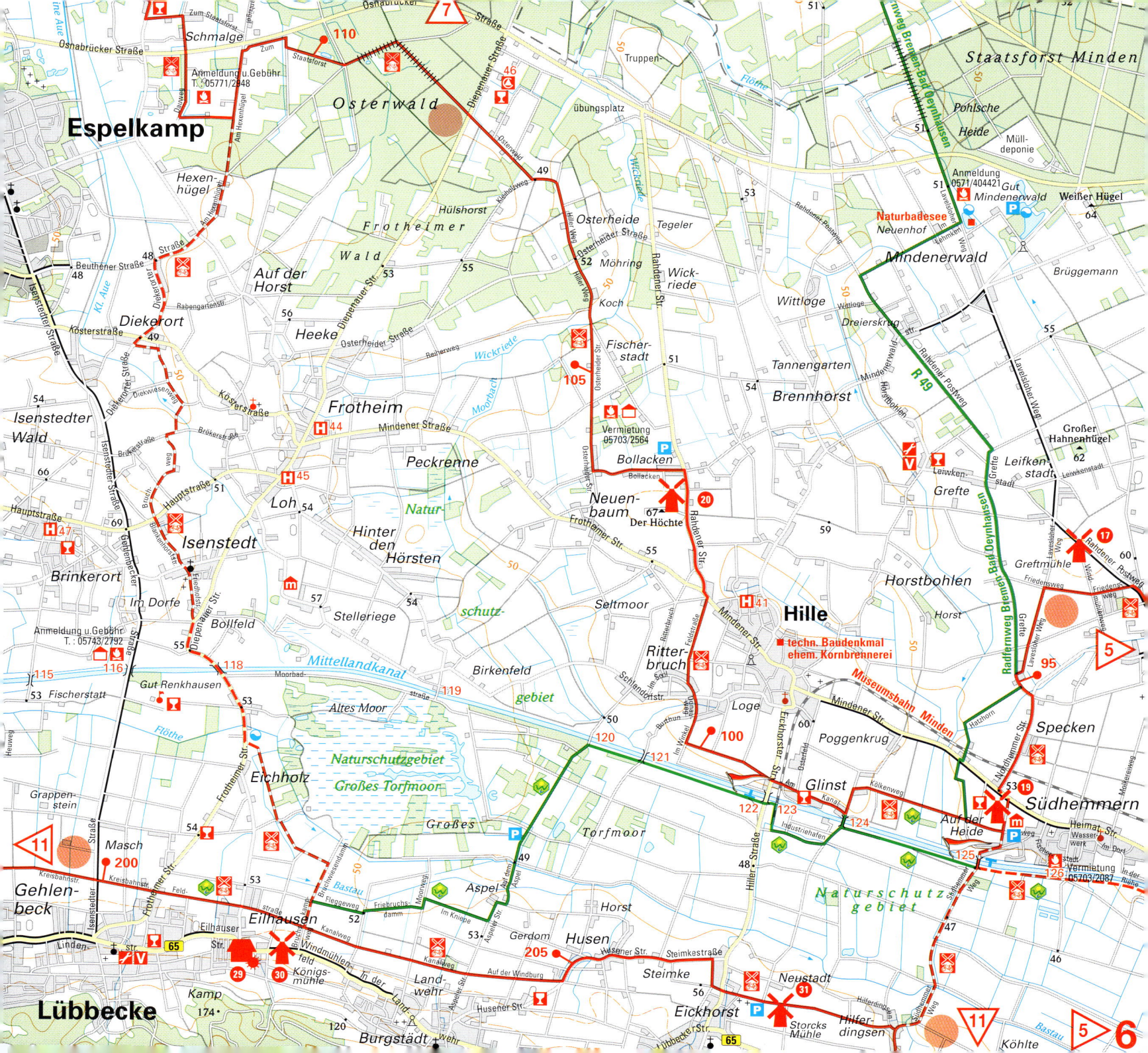

Rahden

Die nördlichste Stadt Nordrhein-Westfalens mit ihren ca. 16.500 Einwohnern hat sich zu einem idealen Ausflugsziel und Wohnort für junge Familien entwickelt. Die sanierte Innenstadt lädt zum Einkaufen, Bummeln und Verweilen ein. Die Außenbezirke sind hervorragende Radwandergebiete, in denen man richtig »abschalten« kann. Die Mühlenroute führt den Besucher durch eine reizvolle, faszinierende Landschaft, die in dieser Region noch durch viele alte Fachwerkhäuser und schöne Bauernhöfe geprägt ist. Durch die Auerenaturierung sind weite Flussläufe der Aue wieder Standort für selten gewordene Pflanzen und Tiere geworden.

Die heimische Gastronomie ist je nach Saison auf Spargel- und Pickertessen vorbereitet.

ℹ️ Weitere Informationen

Stadt Rahden
- Fremdenverkehrsamt -
Lange Str. 9
32369 Rahden
Tel.: 05771/73-17
Fax: 05771/73-50
E-mail: info@rahden.de
Internet: http://www.rahden.de

Rossmühle Rahden mit Museumshof

🏭 Die Mühlen auf Karte 7

21 - Windmühle Tonnenheide von 1878. Holländerwindmühle. Hoher dreigeschossiger Unterbau mit senkrechten Mauern, darauf zweigeschossiger stark konischer Ziegelbau auf achteckigem Grundriss mit Segelflügeln und Stert. Mühlennutzung als Standesamt (Hochzeitsmühle).

22 - Bockwindmühle Wehe, am Standort einer schon im 14. Jahrhundert erwähnten Mühle um 1650 errichtet. Verbretterter Holzkasten mit sehr starkem Balkenwerk. Mühle und Backhaus in Betrieb.

23 - Rossmühle Rahden von 1860. Quadratischer Fachwerkbau mit kantig abgesetztem Ziegel-Runddach. Früher in Rahden-Tonnenheide, heute im Museumshof. Antrieb durch ein Pferd, das an den Zugbaum gespannt wird, der mit der aus dem Dach hervorragenden Triebspindel fest verbunden ist. Vorführbetrieb.

❗ Das lohnt sich:

- **Museumshof Rahden**
- **Burgruine Rahden**
- **Hochzeitsmühle Tonnenheide**
- **Bockwindmühle Wehe**
- **Großer Stein Tonnenheide**
- **Museumseisenbahn**
- **Naturschutzgebiete (Weißes Moor, Schnakenpohl)**

✳️ Rund ums Rad

- **Reparaturwerkstatt**
  Hans-Günter Ortgies, Gerichtsstr. 9, 32369 Rahden, Tel.: 05771/2267, Fax: 05771/5610
- **Verleih: Museumshof Rahden,**
  32369 Rahden, Tel.: 05771/2282

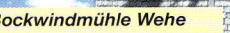
Bockwindmühle Wehe

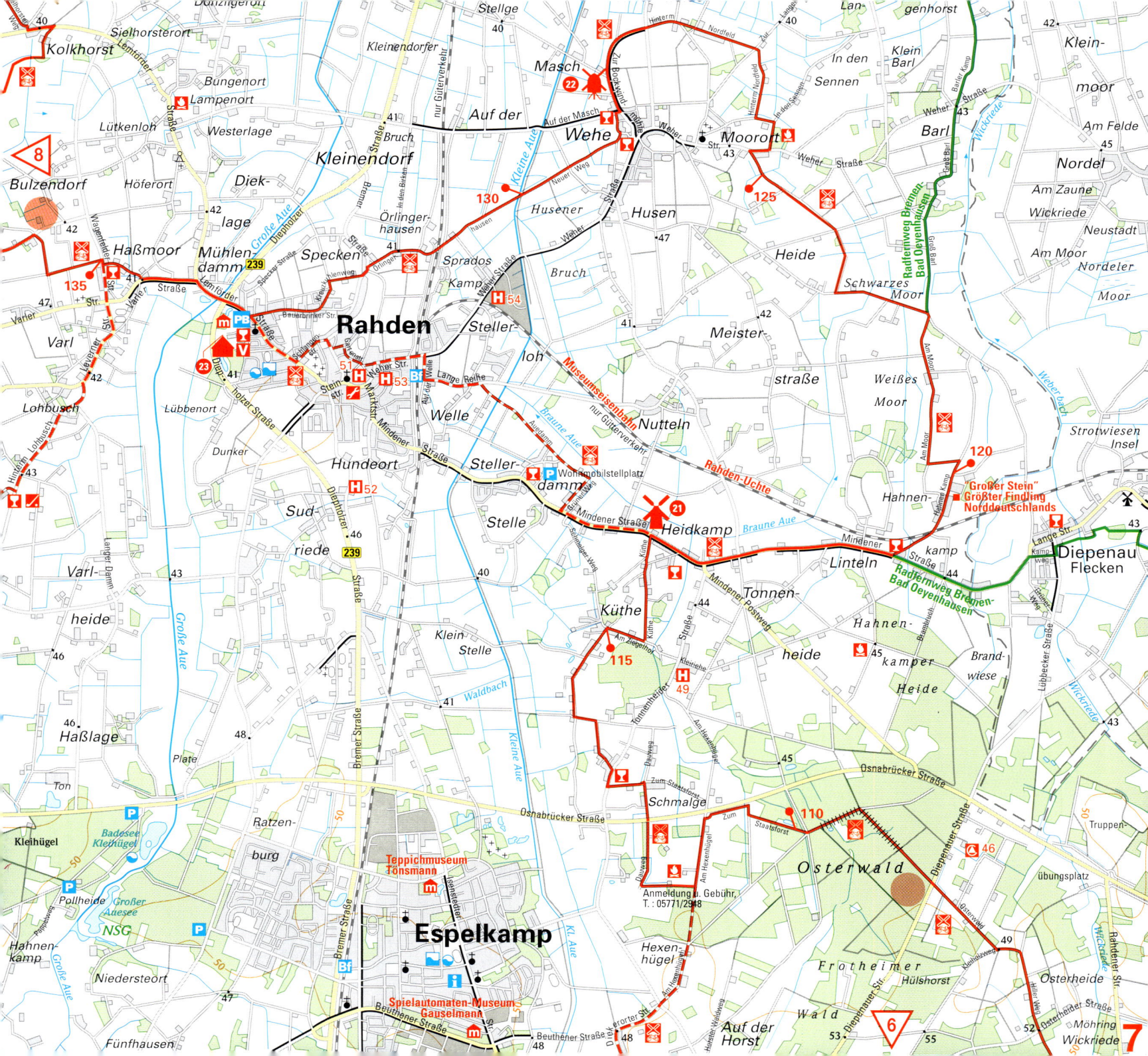

Stemwede

Tor zum Naturpark Dümmer und in den Mühlenkreis. Eine reizvolle Ferienlandschaft zwischen Wiehengebirge und Stemweder Berg mit überwiegend ebenen Radwegen.

Radrundwege verbinden 13 Ortschaften in Stemwede, führen zum Dümmer See und auf die Mühlenroute. Die Ortschaft Levern ist staatlich anerkannter Erholungsort. Ein Abstecher zum Dümmer, in das Oppenweher Moor und in den Stemweder Berg sollte mit eingeplant werden. Für Gruppen werden Radtouren mit Besichtigungsprogramm und Gepäckservice angeboten. Geführte Radwanderungen und Mietfahrräder nur nach Voranmeldung.

ℹ️ Weitere Informationen

Fremdenverkehrsamt Stemwede
Buchhofstr. 17 (Haus des Gastes)
32351 Stemwede-Levern
Tel.: 05745/10930
Fax: 05745/10945
E-mail: info@stemwede.de
internet: http://www.stemwede.de

Blick vom Stemweder Berg

Links u. oben: Bockwindmühle Oppenwehe

Die Mühlen auf Karte 8

23 - siehe gegenüber Kartenblatt 7

24 - Bockwindmühle Oppenwehe von 1705. 1990 - 93 vollständig restauriert. Ursprünglicher Standort bei Schloß Hüffe. Hölzerner, verbretterter Kasten.

❗ Das lohnt sich:

- **Oppenweher Moor**
- **Stemweder Berg**
- **Stiftsort Levern**
- **Dümmer See**

✳️ Rund ums Rad

- *Fahrradverleih: Fremdenverkehrsamt, Ausgabetermin nach Vereinbarung*
- *Meiers Deele, Zum Dorferfeld 7, 32351 Stemwede, Tel.: 05773/209*

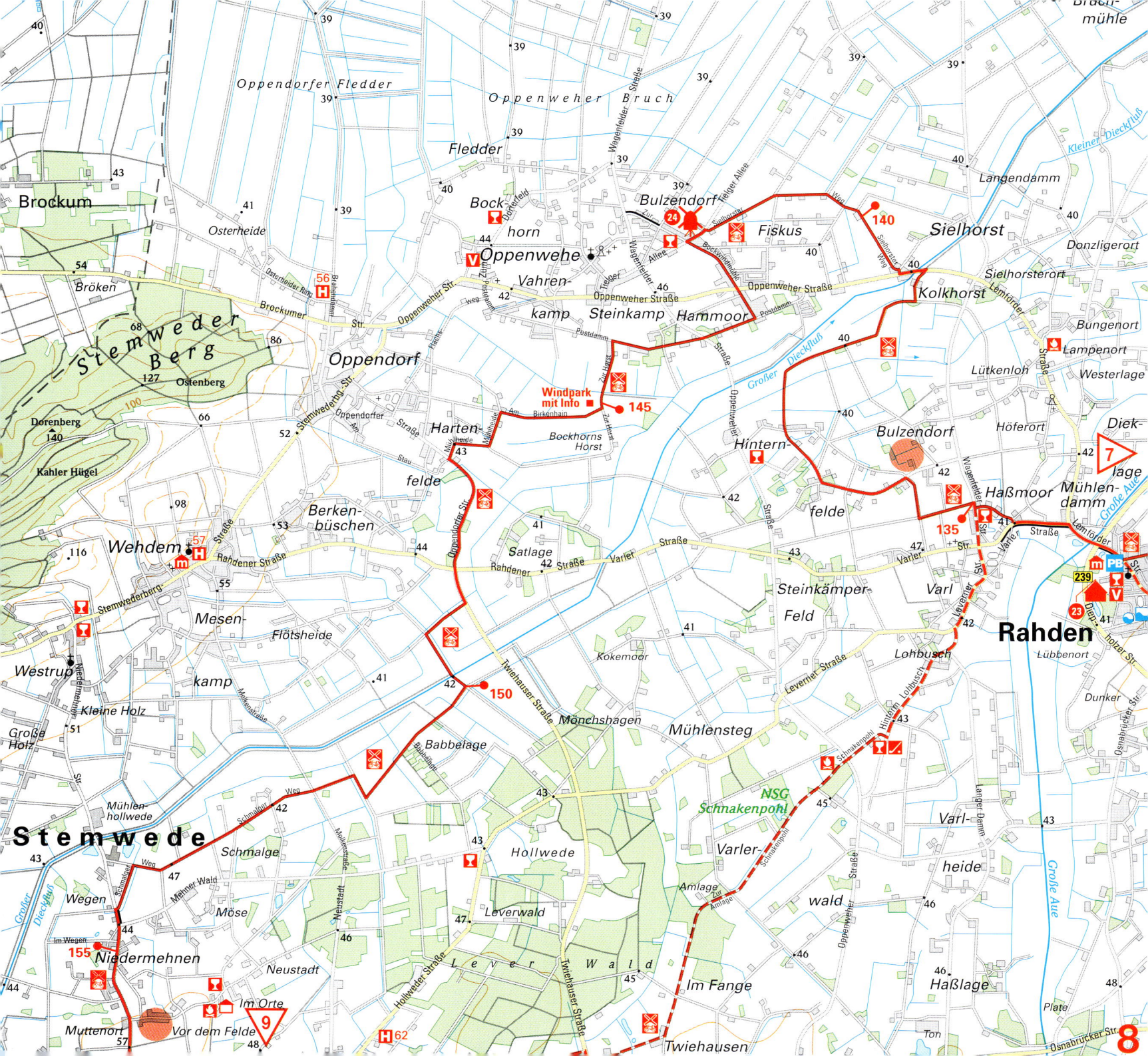

Espelkamp

... die junge Stadt im Grünen. Am Fuße des Wiehengebirges gelegen, umgeben von Mooren und Naturschutzgebieten, bietet Espelkamp Raum für Erholung und Entspannung mitten im Grünen. Das Stadtbild ist gekennzeichnet von einer vielfältigen Architektur, die in großzügig angelegte Grünbereiche eingebunden ist.

Erst nach 1945 entstand das Zentrum dieser jungen Stadt, die ihre Wurzeln in den erhalten gebliebenen Teilen einer Munitionsanstalt hat.

Weitere Informationen

Stadtverwaltung
Wilhelm-Kern-Platz 1
32339 Espelkamp
Tel.: 05772/5620
Fax: 05772/8011

Die Mühlen auf Karte 9

25 - Kolthoffsche Mühle von 1922 in Levern, früher Niedermehnen. Holländerwindmühle. Kleine 6eckige, taillierte Turmmühle. Verbrettertes und geschindeltes Fachwerkgerüst mit Bruchsteinunterbau. Hofmahlmühle. In-Wind-Stellung mit »Stert«. Hölzerne Galerie. Auf dem Mühlenplatz alter zweistöckiger Fachwerk-Speicher und Gehäuse alter Rossmühle aus Varl. Mühle und Backhaus (auf dem Nachbarhof) in Betrieb.

26 - Windmühle Destel, Ende 19. Jh. H. Achteckiger, geschindelter Fachwerkbau mit Bruchsteinuntergeschoß. In-den-Wind-Stellung mit »Stert« von Galerie aus. Rund um die Mühle durch Schnitt niedrig gehaltene Linden.

27 - Ellerburger Mühle, Wassermühle von 1781 in Fiestel, ursprünglich Erbpachtmühle des Gutes Ellerburg. Ab 1905 auch Sägewerk. Zeitweise Einsatz der Wasserkraft für den Betrieb eines kleinen E-Werks, dessen Einrichtung noch vorhanden ist. Früher auch Ölmühle und Zichorienmühle.

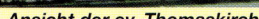

Ansicht der ev. Thomaskirche

! Das lohnt sich:

- **Freizeitbad »Atoll«**
- **Automaten-Museum Gauselmann**
- **Teppichmuseum Tönsmann**
- **Naherholungsgebiet Auetal mit Seenlandschaft**
- **Scheune Brammeyer, mit Ausstellung handwerklicher und landwirtschaftlicher Geräte und Werkzeuge**

✳ Rund ums Rad:

- **Fahrradreparaturen Lohmeier,
Lübbecker Str. 9,
Pr. Oldendorf,
Tel.: 05742/3133**

Nr. 27 Ellerburger Mühle

Windmühle Destel

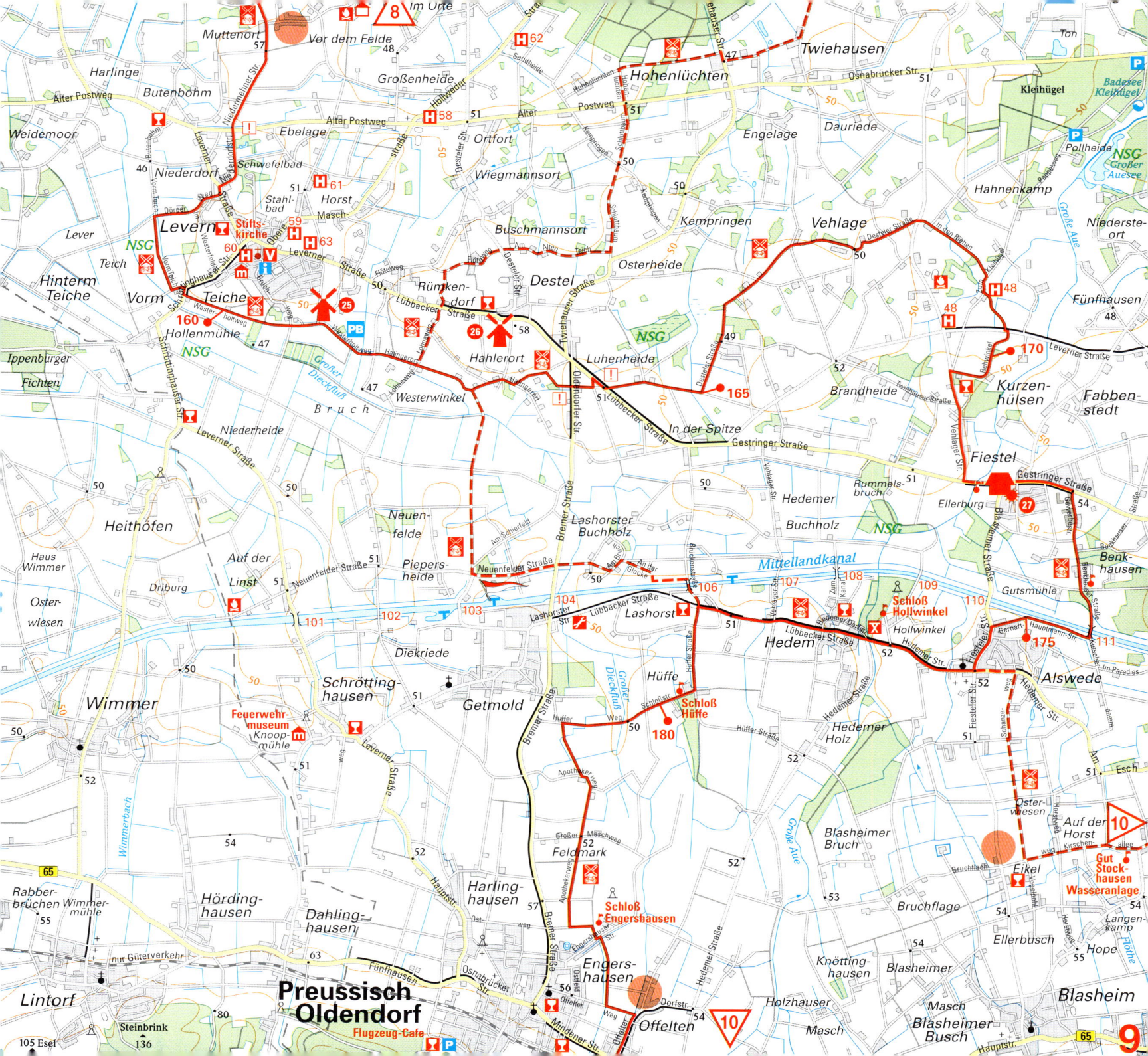

Preußisch Oldendorf

Preußisch Oldendorf am Wiehengebirge ist ein staatlich anerkannter Luftkurort mit Kurmittelgebiet, und das gleich dreifach mit den Stadtteilen Holzhausen, Preußisch Oldendorf und Börninghausen.

In den Kurkliniken im Stadtteil Holzhausen wird die Heilkraft des Moores eingesetzt. Durch Massagen, Heilgymnastik u.a. wird die Heilkraft der Bäder wirkungsvoll unterstützt.

Schöne und moderne Freizeiteinrichtungen, ein gut ausgebautes Rad-Wegenetz von rd. 140 km, Häuser des Gastes, Kurpark, Freiluftspielanlagen, ein großes Veranstaltungsprogramm, Museumseisenbahn, Fahrgastschifffahrt u.v.m. bieten Abwechslung und Erholung. Zahlreiche Burgen und Schlösser im Stadtgebiet laden ein, Geschichte hautnah zu erleben. Eine leistungsstarke Gastronomie ergänzt das touristische Profil des Ortes.

ℹ️ Weitere Informationen

Verkehrsamt
Rathausstr. 3
32361 Preußisch Oldendorf
Tel.: 05742/9311-30
Fax: 05742/5680
E-mail: pr.oldendorf@t-online.de
Internet: www.preussischoldendorf.de

Haus des Gastes Holzhausen

Rossmühle Oberbauerschaft

🏛️ Die Mühlen auf Karte 10

28 - Gutswassermühle Holzhausen-Hudenbeck. Wassermühle mit mittelschlächtigem Wasserrad von 1888 am Ort der 1529 urkundlich genannten Wassermühle des adeligen Gutes Holzhausen. zweigeschossiger Fachwerkbau.

33 - Rossmühle Oberbauerschaft von 1797. Achteckiger Fachwerkbau, über 40 m Umfang, unter rundem Reetdach. Innen Göpelwerk für 6 Pferde. Kammrad von 32 m Umfang. In zwei Seitenflügeln Bokemühle und Schrotmühle. Bedeutendstes Bauwerk seiner Art in ganz Westfalen!

Gutswassermühle Holzhausen

❗ Das lohnt sich:

- Fahrten mit der Museumseisenbahn
- Besuch des Flugzeugcafés
- Besichtigung des Feuerwehrmuseums
- Besichtigung der Burgen und Schlösser
- Fahrgastschifffahrt auf dem Mittellandkanal

✳️ Rund ums Rad

- Fahrradreparaturen Lohmeier, Lübbecker Str. 9, Pr. Oldendorf, Tel.: 05742/3133 (auf Kartenblatt 9)
- Fahrradverleihstation Röscher Heddinghauser Str. 13 32361 Pr. Oldendorf-Holzhausen Tel.: 05742/2640

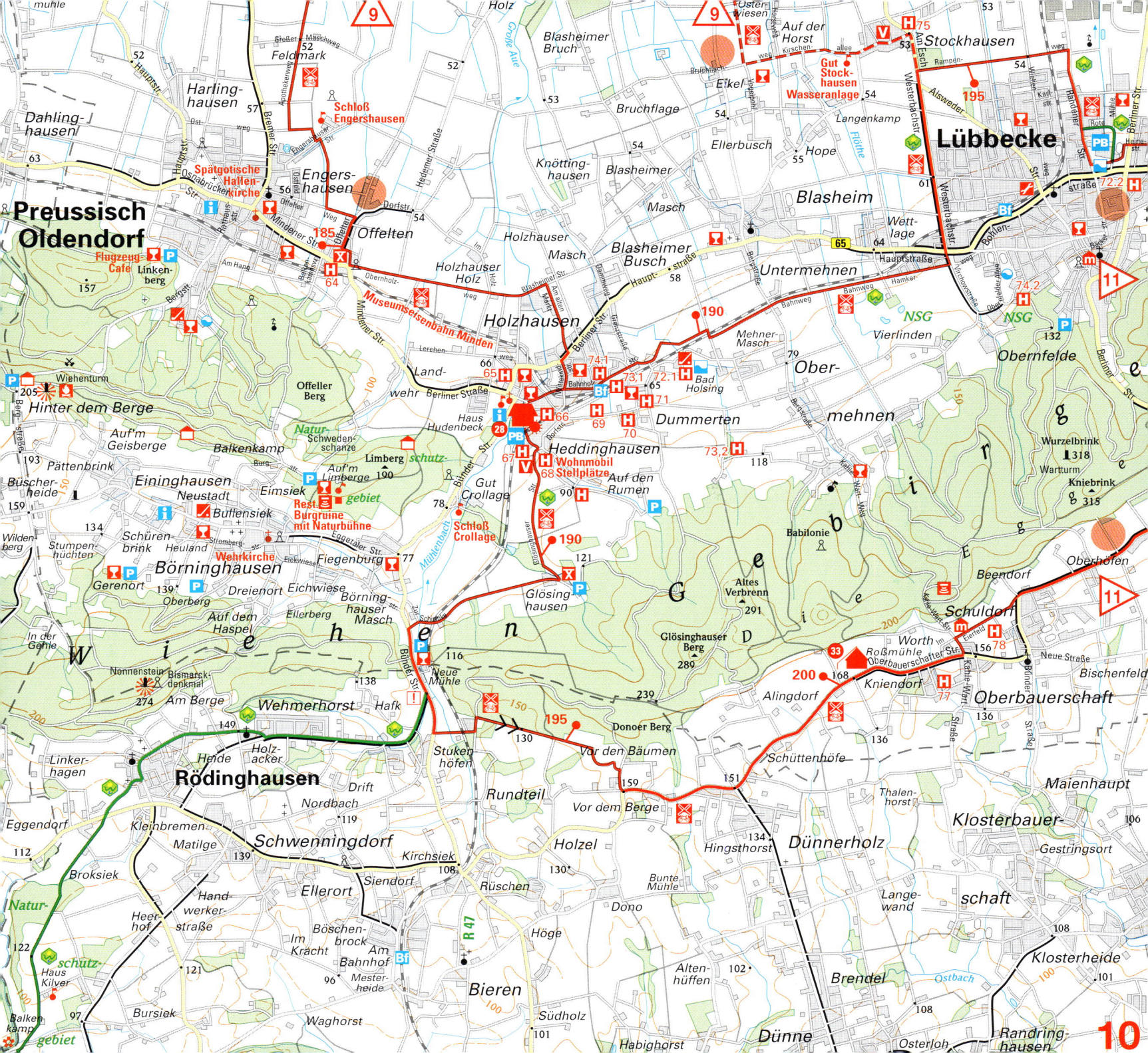

Hüllhorst

Auf der sonnigen Seite des Wiehengebirges liegt die Gemeinde Hüllhorst und präsentiert sich traditionsbewusst und sehr lebendig. Vielfältige Attraktionen für Naturliebhaber und Genießer lassen sich in einer abwechslungsreichen Hügellandschaft auf der Mühlenroute eradeln.

Weitere Informationen

Fremdenverkehrsverein
Löhner Str. 1
32609 Hüllhorst
Tel: 05744/931531
Fax: 05744/931570

Die Mühlen auf Karte 11

29 - siehe gegenüber Kartenblatt 6
30 - siehe gegenüber Kartenblatt 6
31 - siehe gegenüber Kartenblatt 5

34 - Husemmühle im Nachtigallental, Hüllhorst, 1646 urkundlich erwähnt. Früher wohl Gutsmühle des Gutes Husen, Stammsitz des Adelsgeschlechtes derer von Schleen, genannt Tribbe. Oberschlächtige Wassermühle, Restaurant.

35 - Windmühle Struckhof in Schnathorst von 1883. Holländerwindmühle. Mächtiger konischer Bruchsteinturm.

36 - Wassermühle Bergkirchen. Alte Schönen Mühle, wahrscheinlich 18. Jh., mit oberschlächtigem Wasserrad.

Das lohnt sich:

- Freilichtbühne Kahle Wart
- Heimatmuseum

Windmühle Struckhof

Wassermühle Bergkirchen

Husemmühle im Nachtigallental

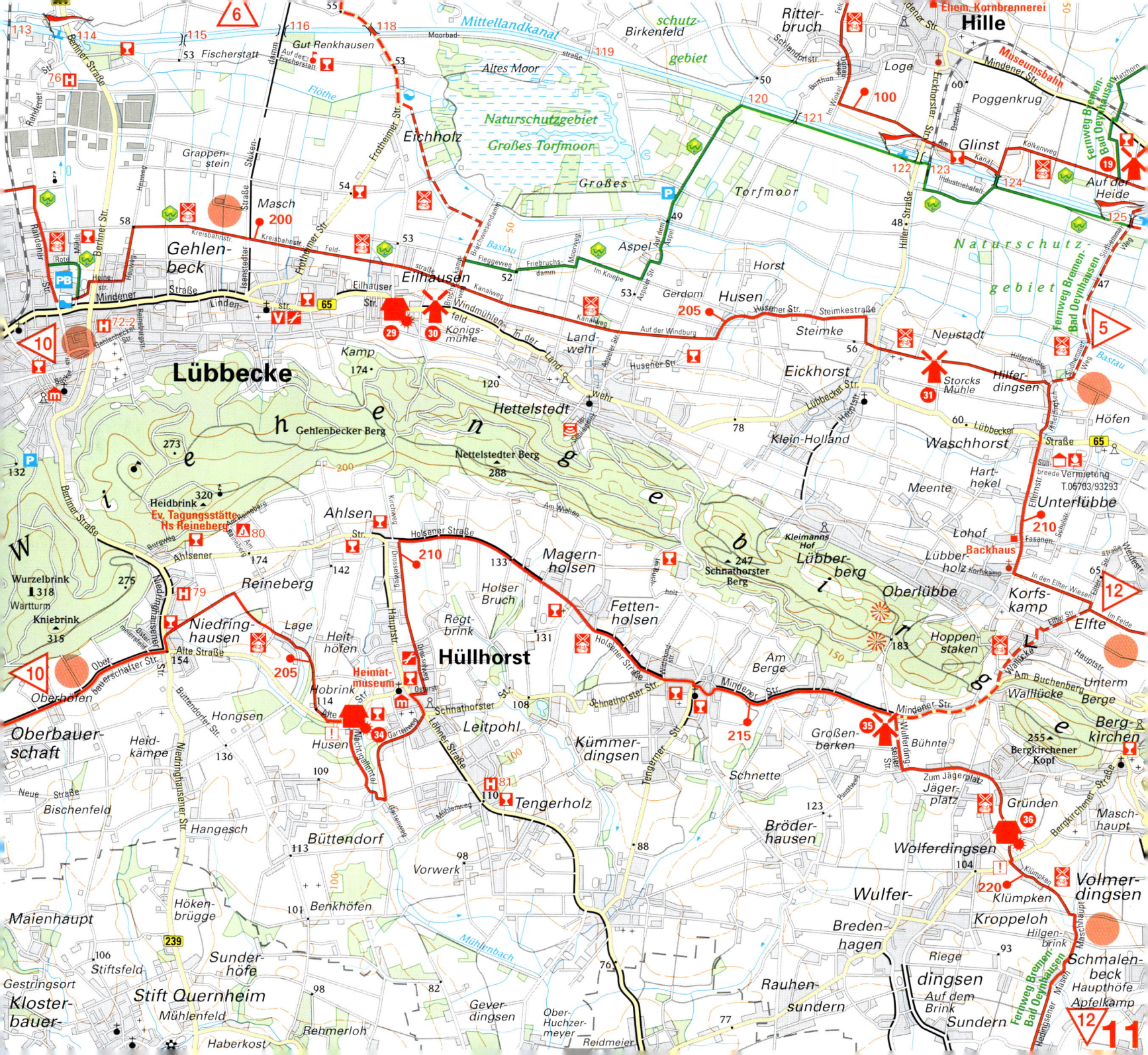

Bad Oeynhausen

Bad Oeynhausen, am Rande des Teutoburger Waldes gelegen, ist eines der wenigen Staatsbäder Deutschlands. Seit mehr als 150 Jahren bietet die Stadt ihren Gästen umfangreiche Kur- und Erholungsangebote an. Vielfältige Grünanlagen, der historische Kurpark, prächtige Badehäuser und architektonische Kleinode kennzeichnen eine fürstliche Vergangenheit. Doch neben Tradition hat Bad Oeynhausen auch Modernes zu bieten: ein Entertainment-Center mit einem Multiplex-Kino, ein Casino mit perfekter Spieletechnik, einen achtzehn Meter breiten begehbaren Wasserkrater, der einen Einblick in die Unterwelt der irdischen Quellen gewährt. Hinzu kommen vielfältige Sportangebote: drei Golfplätze, Frei- und Hallenbäder, Wander- und Radwege (Soleweg) sowie ein Segelflugplatz.

ℹ️ **Weitere Informationen**

Tourist-Information Bad Oeynhausen
Am Kurpark (Im Verkehrshaus)
32545 Bad Oeynhausen
Tel.: 05731/131701
Fax: 05731/131717
E-mail: Info@badoeynhausen.de
Internet: http://www.badoeynhausen.de

Wassermühle Bergkirchen

Die Mühlen auf Karte 12

14 - siehe gegenüber Kartenblatt 1

32 - siehe gegenüber Kartenblatt 1

36 - siehe gegenüber Kartenblatt 11

37 - Hofwassermühle am Osterbach in Bad Oeynhausen von 1772. Heute in Nähe des Heimatmuseums, früher auf dem Hof Bartling in Enger-Herringhausen. Mit mittelschlächtigem Wasserrad am Stauteich.

38 - siehe gegenüber Kartenblatt 13

❗ Das lohnt sich:

- Museumshof im Siekertal
- Auto-Motor-Freizeit Museum »Motortechnica«
- Deutsches Märchen- und Wesersagenmuseum
- BaliTherme
- Gradierwerk mit Bülow-Brunnen
- Historischer Kurpark mit klassizistischen Badehäusern, Kurhaus und einer Wandelhalle
- Fähre »Amanda«
- AQUA MAGICA auf dem Gelände der Landesgartenschau
- Erholungsgebiet Sielpark
- Entertainment-Center
- BonBon-Manufaktur im Salz- und Zuckerland

✳️ Rund ums Rad

- Radstation im Nordbahnhof, 32545 Bad Oeynhausen, Tel.: 05731/259255

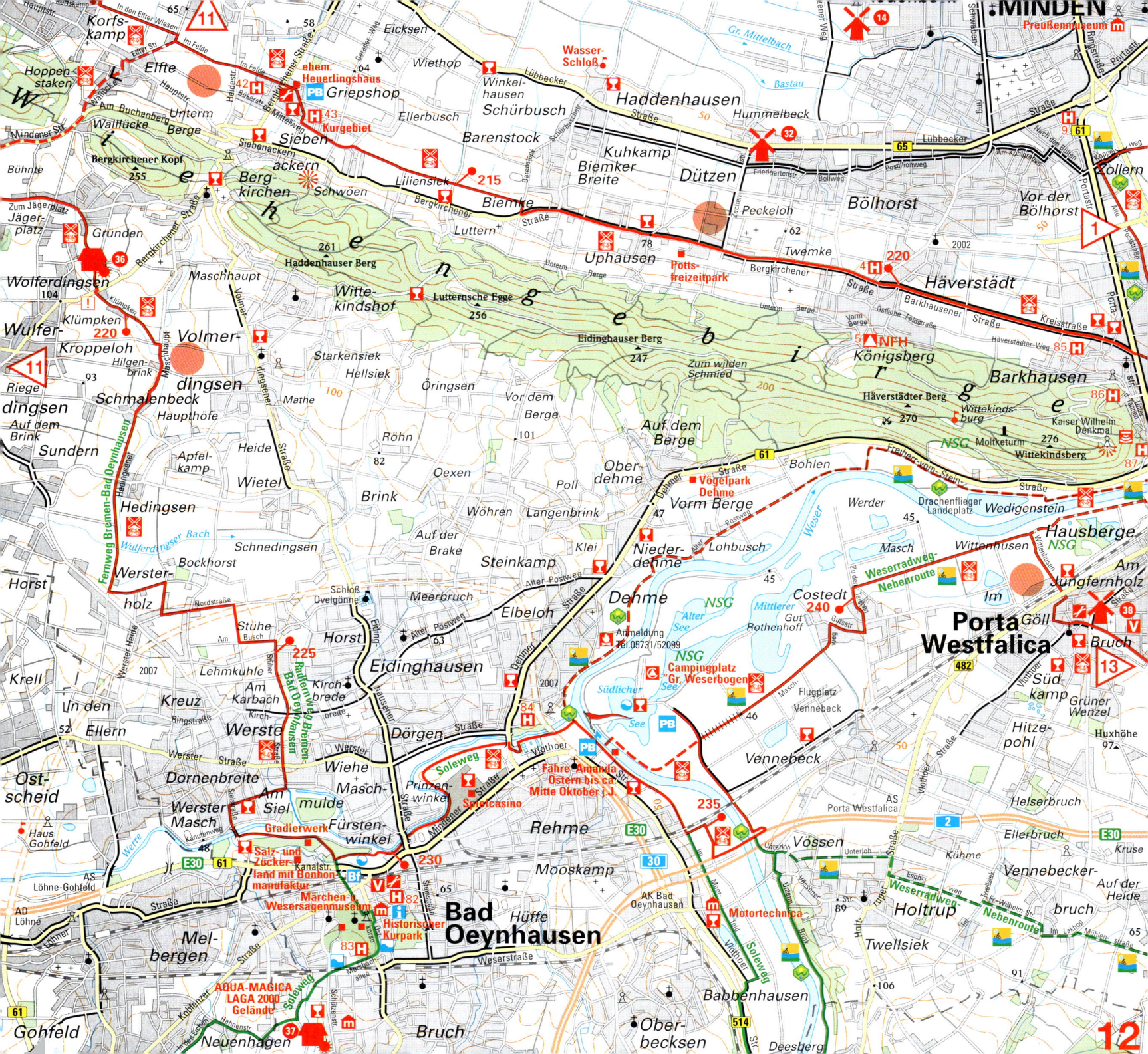

Porta Westfalica

Porta Westfalica - das Tor zum Weserberg-
land und zur norddeutschen Tiefebene.

ℹ️ Weitere Informationen

Fremdenverkehrsamt
Kempstr. 6
32457 Porta Westfalica
Tel.: 0571/791280
Fax: 0571/791277
E-mail: info@stadt.portawestfalica.de

🏚️ Die Mühlen auf Karte 13

1 - siehe gegenüber Kartenblatt 1

38 - Windmühle Holzhausen a.d. Porta, auch
Maschmeyers Mühle genannt. Verputzter Bruchsteinturm mit Erdwall. Holländerwindmühle. Baujahr unbekannt. Am Platz einer schon 1740 beurkundeten könig-
lichen Wind- und Rossmühle. Vor dem 1. Weltkrieg mit
Sägewerk, erst durch Dampf, dann durch Strom
betrieben.

39 - Windmühle Veltheim, Baujahr unbekannt. Holländerwindmühle. Steinerner Mühlenturm, auf freier, ebe-
ner Feldflur weithin sichtbar.

40 - Röckemanns Mühle Eisbergen Holländerwindmühle. Ursprünglich Erdholländer um 1855. 1988/92 an
den jetzigen Standort umgesetzt. Konischer Mühlenturm aus Bruch- und Werksteinen mit Jalousieflügeln.

41 - Hartings Mühle Kleinenbremen, gegr. 1809. Eine
der früher sechs Wassermühlen des Dorfes am
Mühlenbach. Backsteinbau der Zeit um 1900 mit oberschlächtigem Wasserrad.

42 - siehe gegenüber Kartenblatt 1

Wassermühle Kleinenbremen

Holzhauser Mühle

⚠️ Das lohnt sich:

- Kaiser Wilhelm Denkmal
- Fernsehturm
- Kurpark und Kneipp-Einrichtungen
- Besucherbergwerk Kleinenbremen
- Freizeitanlage Großer Weserbogen
- Bade- und Freizeitzentrum Porta Westfalica
- Goethe Freilichtbühne
- St. Laurentius Kappelle

✳️ Rund ums Rad

- Fahrradservice Station Andreas Asch-
ke, Vlothoer Str. 77, 32457 Porta Westfalica, Tel.: 0571/70071
- Fahrradcenter Lindemann, Portastr. 21,
32457 Porta Westfalica, Tel.:
0571/76735

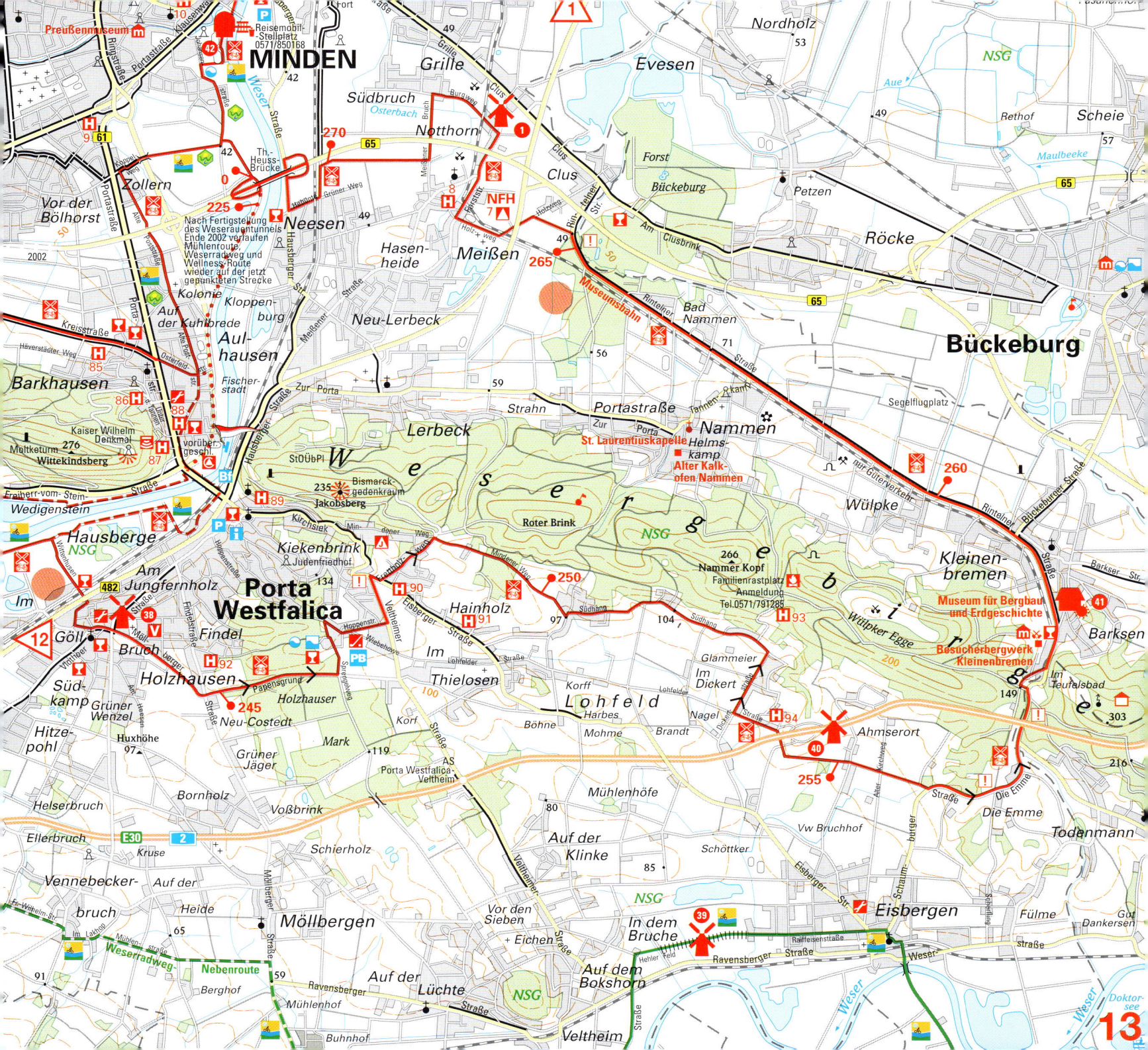

Beherbergungsbetriebe auf der Mühlenroute ...

Minden (Karten 1,2,4,5,12 + 13)
1 Park-Hotel Minden, Marienstraße 108, 32425 Minden,Tel.: 05 71/9 45 80
2 Gasthaus »Grashoff«, Bremerstr. 83, 32425 Minden, Tel. 0571/41834
3 Priv.Zimmer Ulla Witte, Hesterkamp 16, 32425 Minden, Tel. 0571/ 6483086
4 Gasthaus »Zur Linde«, Mindener Str. 1, 32429 Minden,Tel. 0571/52585
5 Naturfreundehaus Häverstädt, Am Hang 5, 32429 Minden, Tel. 0571/52553
6 Hotel-Restaurant »Zur Stemmer Post«, Stemmer Landstr. 152, 32425 Minden, Tel.: 05 71/64 60 80
7 Naturfreundehaus Meißen, Alte Halde 4, 32423 Minden, Tel. 0571/21276
8 Gasthaus Ratsklause, Freistr. 15, 32423 Minden, Tel. 0571/31405
9 Hotel Bad Minden, Portastr. 36, 32429 Minden, Tel.: 05 71/9 56 33 00
10 Holiday Inn, Lindenstr. 52, 32423 Minden, Tel. 0571/87060
11 Priv.Zimmer Haus Poggenmühle, Nach Poggenmühle 6, 32425 Minden, Tel. 0571/43555

Petershagen (Karten 1-5)
12 Priv.Zimmer Gerda Kolle, Kronsbrink 2, Petershagen, T. 05702/601
13 Priv.Zimmer Irmgard Müller, Jösser Dorfstr. 25, Petershagen, T. 05702/724

14 Ferienwohnung Ortrud Mensching, Eichenbrink 17, Petershagen, T. 05702/1543
15 Priv.Zimmer Christa Möller, Eichenbrink 1, Petershagen, T. 05702/85743
16 Priv.Zimmer Annegret Waltking, Hans-Lüken-Str. 16, Petershagen, T. 05705/547
17 Ferienwohnung Fritz Witte, Hans-Lüken-Str. 10, Petershagen, T. 05731/28913 (Bad Oeynhausen)
18 Priv.Zimmer Renate Kreker, Heerstr. 55, Petershagen, T. 05705/7526
19 Ferienwohnung Dorothea Witte, Talweg 5, Petershagen, T. 05705/7518
20 Ferienhof Meyer, Ringstr. 98, Petershagen, T. 05707/93020
21 Romantik-Hotel Schloß Petershagen, Schloß, Petershagen, Tel.: 0 57 07/9 31 30
22 Rasthaus Wietersheim, Lange Str. 49, Petershagen, T. 05702/9039
23 Gästehaus Bad Hopfenberg, Bremer Str. 26, Petershagen, T. 05707/29942
24 Gästehaus am Weserradweg, Fischerstadt 9, Petershagen, T. 05707/8858
25 Hotel Deutsches Haus, Mindener Str. 6, Petershagen, T. 05707/306
26 Pension Ketteniß, Hopfenbergerstr. 3, Petershagen, T. 05707/80362
27 Ferienwohnung Raschke, Lambertsweg 17, Petershagen, Tel.: 0 57 07/26 66
28 Gästehaus Kölling, Bückeburger Str. 3, Petershagen, Tel.: 0 57 02/92 46

29 Ferienwohnung Marien, Über den Wiesen 3, Petershagen, T. 05702/4883
30 Waldhotel Morhoff, Forststr. 1, Petershagen, Tel.: 0 57 07/ 9 30 30
31 Privatzimmer Bicknese, Auf dem Moore 2, Petershagen, T. 05702/9630
32.1 Priv.Zimmer Evelyn Pelham-Clinton, Kapellenort 3, Petershagen, T. 05702/85726
32.2 Privatzimmer vom Cleff, Ilserheider Str. 69, Petershagen, T. 05702/85989
33 Ferienwohnung Rittergut Schlüsselburg, Brückenweg 40, Petershagen, T. 05768/202
34 Pension Reelingehof, Großenheerser Str. 24, Petershagen, T. 05765/7316
35 Pension Mühlencafé »Zum letzten Streich«, Großenheerser Mühle 4, Petershagen, T. 05765/7330
36 Ferienwohnung Irmgard Grote, Im Dreieck 4, Petershagen, T. 05707/2606
37 Ferienwohnung Inge Patzak, Weidenweg 7, Petershagen, T. 05707/2298
38 Ferienwohnung Holthöfer, Häverner Ring 15, Petershagen, T. 05707/95836
39 Gästehaus Lange, Döhrener Str. 41, Petershagen, T. 05705/95900
40 Landhaus Schäferbarthold, Südfelder Dorfstr. 6, Petershagen, Tel.: 0 57 04/6 43

Hille (Karten 6+12)
41 Gasthaus Ossenfort, Brockkamp 16, Hille, T. 05703/641
42 Kurhaus u. Pension »Pivittskrug«, Heidestr. 63, Hille, T. 05734/2177
43 Sanatorium »Lindenmoor«, Griepshop 28, Hille, T. 05734/6670

Espelkamp (Karten 6,7+9)
44 Hotel-Restaurant Birkenhof, Schmiedestr. 4, Espelkamp, T. 05743/8000
45 Hotel-Restaurant Im Loh, Diepenauer Str. 53, Espelkamp, T. 05743/4090
46 Campinganlage Osterwald, Diepenauer Str. 11, Espelkamp, T. 05775/505
47 Hotel-Restaurant Dreimädelhaus, Hauptstr. 28, Espelkamp, T. 05743/2811
48 Gästehaus »Alte Schule«/Gasthaus Rose, Zum Kleihügel 10, Espelkamp, T. 05743/1308

Rahden (Karte 7)
49 Pensionshaus Witting, Kleiriehe 5, Rahden, T. 05771/1038
50 Bauernhofpension »Ludewigs Landhaus«, Barler Str. 17, Rahden, T. 05776/1276
51 Altstadt-Stuben, Am Kirchplatz 2, Rahden, T. 05771/1522
52 Hotel Stadt Rahden, Weher Str. 16, Rahden, T. 05771/5774
53 Hotel Bohne, Lübbecker Str. 38, Rahden, T. 05771/2039
54 Ringhotel Westfalen-Hof, Rudolf-Diesel-Str. 13, Rahden, T. 05771/97000

Stemwede (Karten 8+9)
55 Moorhof Huck, Wagenfelder Str. 34, Stemwede, T. 05773/374
56 Landgasthaus Stemweder Berg, Brahendamm 5, Stemwede, T. 05773/264
57 Stemweder Hof, Stemwederberg-Str. 85, Stemwede, T. 05773/8533
58 Gasthaus Jobusch, Alter Postweg 25, Stemwede, T. 05745/2257
59 Café Brune, Obere Horst 17, Stemwede, T. 05745/608
60 Hotel Meyer-Pilz, Am Kirchplatz 5, Stemwede, T. 05745/2101
61 Pension Klanke, In der Horst 12, Stemwede, T. 05745/2774
62 Pension Kastanienhof, Hollweder Str. 8, Stemwede, T. 05745/2031
63 Pension Meyer, Leverner Str. 75, Stemwede, T. 05745/573

Preußisch Oldendorf (Karte 10)
64 Hotel-Pension Heidsiek, Diekweg 1, Pr. Oldendorf, T. 05742/2283
65 Gasthof »Zur Aue«, Heddinghauser Str. 3, Pr. Oldendorf, T. 05742/2325
66 Pension Radzik, Bahnhofstr. 9, Pr. Oldendorf, T. 05742/1467
67 Landhaus Röscher, Heddinghauser Str. 13, Pr. Oldendorf, T. 05742/2640
68 Ferienhof Blotevogel, Wiehenstr. 2, Pr. Oldendorf, T. 05742/2639
69 Pension Blankenstein, Dummerter Str. 40, Pr. Oldendorf, T. 05742/96970
70 Ferienwohnung Koch, Dummerter Str. 5, Pr. Oldendorf, T. 05742/3148
71 Pension Haus Stork, Dummerter Str. 1, Pr. Oldendorf, T. 05742/2733
72.1 Kurklinik am Brunnen, Brunnenallee 1, Pr. Oldendorf, T. 05741/34360
73.1 Wiehengebirgsklinik, Brunnenallee 3, Pr. Oldendorf, T. 05741/2750
74.1 Pension Möller, Röthestr. 17, Pr. Oldendorf, T. 05742/3752

Lübbecke (Karten 10+11)
72.2 Hotel Deerberg, Hardenbergstr. 2, Lübbecke, Tel.: 0 57 41/3 43 30
73.2 Gasthof »Zum Rebstock«, Am Eikelschen Teil 17, Lübbecke, Tel.: 0 57 41/47 48
74.2 Hotel-Restaurant »Quellenhof«, Obernfelder Allee 1, Lübbecke, Tel.: 0 57 41/34 06-0
75 Gasthaus Albersmeyer, Am Esch 9, Lübbecke, Tel.: 0 57 41/52 91
76 Hotel-Restaurant »Borchard«, Langekamp 26, Lübbecke, Tel.: 0 57 41/10 45 + 10 46

Hüllhorst (Karten 10+11)
77 Hotel-Restaurant Wiehen-Therme Struckmeyer, Ginsterweg 4, Hüllhorst, Tel.: 0 57 41/3 44 66
78 Hotel-Restaurant »Kahle Wart«, Oberbauerschafter Str. 220, Hüllhorst, Tel.: 0 57 41/85 25
79 Restaurant-Berghotel »Meinert«, Buchenweg 1, Hüllhorst, Tel.: 0 57 41/9 03 04
80 Haus Reineberg, Ev. Tagungs- und Bildungsstätte, Am Reineberg 18, Hüllhorst, Tel.: 0 57 44/9 30 70
81 Hotel Natale Lombardo, Löhner Str. 51, Hüllhorst, T. 05744/911260

Bad Oeynhausen (Karte 12)
82 Hotel Mercure, Königstr. 3-7, 32545 Bad Oeynhausen, T. 05731/25890
83 Europa-Congress-Hotel, Morsbachallee 1, 32545 Bad Oeynhausen, T. 05731/2570
84 Akzent Hotel Hahnenkamp, Alte Reichsstr. 4, 32549 Bad Oeynhausen, Tel.: 0 57 31/75 74-0

Porta Westfalica (Karten 1,12+13)
85 Gasthof »Waldkrug«, Barkhauser Weg 10, Porta Westfalica, Tel.: 05 71/5 24 53
86 Hotel-Restaurant Berghof, Stufenweg 7, Porta Westfalica, Tel.: 05 71/7 24 37
87 Hotel »Der Kaiserhof«, Freiherr-vom-Stein-Str. 1, Porta Westfalica, Tel.: 05 71/97 53 30
88 Hotel Friedenstal, Alte Poststr. 2, Porta Westfalica, Tel.: 05 71/97 55 50
89 Porta Berghotel, Hauptstr. 1, Porta Westfalica, Tel.: 05 71/7 90 90
90 Gasthaus »Hausberger Schweiz«, Eisberger Str. 2, Porta Westfalica, Tel.: 05 71/7 05 47
91 Dorfkrug »Reinecke«, Eisberger Str. 75, Porta Westfalica, Tel.: 05 71/7 01 77
92 Landhaus »Waldeslust«, Heerweg 16, Porta Westfalica, Tel.: 05 71/9 75 22 00
93 Gasthaus »Mettwurst Möller«, Zum Kreuzplatz 14, Porta Westfalica, Tel.: 0 57 06/37 52
94 Landhaus Edler, Lohfelder Str. 281 Porta Westfalica, Tel.: 0 57 06/9 40 20

Verkehrsanbindungen zur Mühlenroute

Legende

- Autobahn mit Entfernungen in km
- Fernstraßen
- andere Straßen
- Eisenbahn
- Mühlenroute